LE SEIGNEUR DES ANNEAUX

LES DEUX TOURS

GUIDE DES CRÉATURES

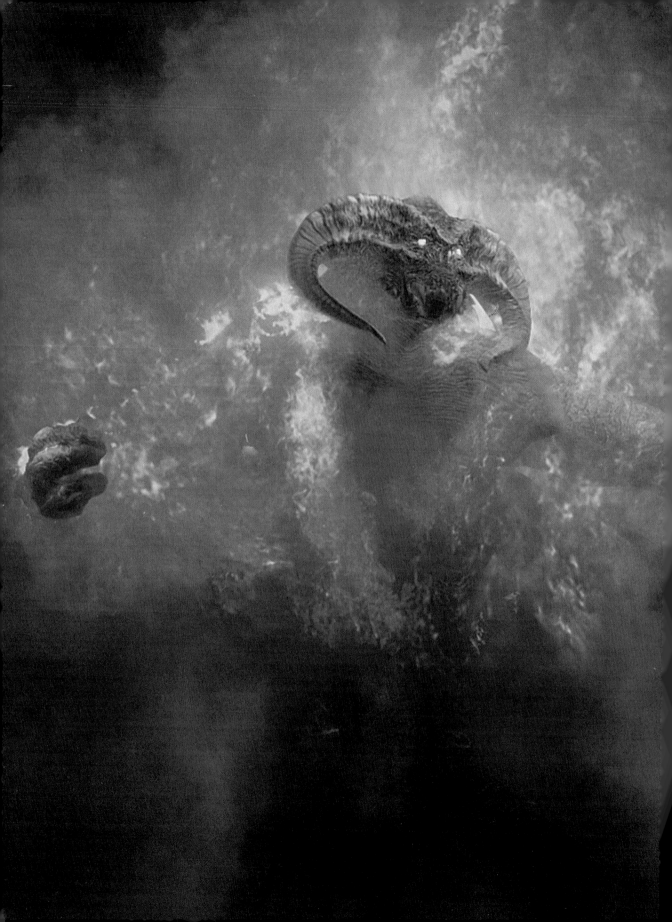

LE SEIGNEUR DES ANNEAUX

LES DEUX TOURS

GUIDE DES CRÉATURES

GALLIMARD JEUNESSE

Traduit de l'anglais par Alice Delarbre

Édition originale publiée en Grande-Bretagne
par Collins en 2002

Collins est une marque de HarperCollins*Publishers*
77-85 Fulham Palace Road,
Hammersmith, London W6 8JB

www.leseigneurdesanneaux.com

Texte : David Brawn
Conception graphique : James Stevens

ISBN : 2-07-053801-X
Numéro d'édition : 14576
Dépôt légal : novembre 2002

Imprimé en Belgique par Proost

Pour SARAH et GEORGIA, deux représentantes de
cette nouvelle génération de lecteurs de Tolkien suscitée
par le film.

Avec tous nos remerciements aux personnes de l'équipe
du film citées dans ce livre :

Richard Taylor, Superviseur de la conception des créatures,
des armures, des armes et des effets spéciaux de maquillage
Paul Lasaine, Directeur artistique des effets spéciaux
visuels
Christian Rivers, Directeur artistique des effets spéciaux
visuels
Adam Valdez, Superviseur des animations
Dan Hennah, Décorateur de plateau
John Howe, Artiste créateur
Peter Owen, Maquilleur et coiffeur
Peter King, Maquilleur et coiffeur
Jim Rygiel, Superviseur des effets spéciaux visuels
Randy Cook, Chef de l'équipe des animateurs de
séquence 3D

et aux dizaines d'autres qui n'apparaissent pas.

" On identifie la culture d'un peuple aux petits détails hérités des générations passées. Il n'y a pas une boucle de ceinture qui ne soit marquée du blason d'une armée ; tous les rivets sont différenciés ; chaque ceinture a été faite à la main pour donner l'impression qu'elle est l'œuvre des artisans de l'espèce qui la porte. Espérons qu'ainsi le public croira véritablement que tous les peuples qui apparaissent dans le film existent depuis des milliers d'années. "

RICHARD TAYLOR

Superviseur des effets spéciaux et co-vainqueur
de deux BAFTA et de deux Oscars
(Effets spéciaux visuels et maquillage) pour
La Communauté de l'Anneau.

" Je suis sûr que le film Les Deux Tours *sera meilleur que le premier. Il est plus intense et bien plus émouvant. "*

BERNARD HILL, " Le Roi Théoden "

INTRODUCTION
LA CRÉATION D'UN UNIVERS

Les films du *Seigneur des Anneaux* ne sont pas des films de monstres. Ils comportent des scènes effrayantes, bien sûr, et les héros croisent des bêtes et des peuples qui n'appartiennent pas à notre monde. Mais ces derniers font partie d'un tout que composent le monde de la Terre du Milieu et l'histoire elle-même.

Il est impossible de montrer ici tous les efforts minutieux que les écrivains, les artistes, les créateurs et l'équipe du film ont fourni au cours des cinq dernières années pour faire vivre sur l'écran les célèbres livres de J.R.R. Tolkien. Mais ce guide des coulisses du tournage dévoile une partie de la magie mise en œuvre pour réaliser les films du *Seigneur des Anneaux*.

" De notre point de vue, la conception des créatures a été la chose la plus extraordinaire. Même si elles ne sont pas réelles, nous ne voulions pas du tout qu'elles aient l'air étrange au point que les spectateurs n'y croient pas ou ne les considèrent pas comme des personnages de l'intrigue à part entière. C'est pourquoi nous avons essayé de les ancrer le plus possible dans notre monde. "

RICHARD TAYLOR

" Les Elfes, les Nains, les Hobbits de la Terre du Milieu vivent chacun dans leur propre communauté, à l'écart les uns des autres. Et il en est de la Terre du Milieu comme de notre monde : la culture d'un peuple – en Europe, en Amérique, en Afrique, en Asie ou en Océanie – dit son évolution au cours de l'histoire. C'est pourquoi nous avons attaché tant d'importance à construire un passé culturel aux personnages de ces films. "

PETER JACKSON, *Réalisateur*

LES HOBBITS

Les Hobbits sont des êtres simples, qui vivent sous la terre d'une petite contrée, La Comté. En règle générale, ils restent entre eux, jouissent des plaisirs simples de la vie et n'aiment rien tant qu'un bon repas (ils prennent deux petits-déjeuners !), une tasse de thé, une pipe et une longue sieste. Parfois appelés semi-hommes à cause de leur petite taille, ils se distinguent également par leur chevelure en bataille (mais aucun n'a de barbe), leurs oreilles pointues et leurs immenses pieds poilus.

" Les Hobbits sont attachés à la terre d'une façon merveilleuse. Ils représentent tout ce qu'il y a de beau et de poétique dans la nature humaine, comme les Orques incarnent tout ce qu'il y a de laid et d'animal en l'homme. Les Hobbits possèdent un mélange d'héroïsme, de force et de grandeur qui contraste avec leur petite taille. "

SEAN ASTIN, *"Sam"*

" Dans le livre, Frodo a presque 50 ans quand il entreprend son voyage, ce qui est plutôt jeune pour un Hobbit. Mais c'était la première fois que je jouais le rôle de quelqu'un de cet âge ! "

ELIJAH WOOD, "Frodo"

" Ils mesurent à peine plus d'un mètre, mais leur petite taille ne pose aucun problème aux Hobbits. Et je trouve ça chouette. Car dans leur monde, seul compte ce qu'on est à l'intérieur. "

DOMINIC MONAGHAN, "Merry"

Gros plan : Les Pieds de Hobbit

" Il fallait une heure et demi, chaque jour, pour s'équiper des pieds. On les enfilait, puis les assistants y versaient de la colle très froide. Elle fixait les pieds, comme des chaussures très serrées. "

DOMINIC MONAGHAN, "Merry Brandybuck"

" Les pieds sont mous et spongieux. Je portais souvent la même paire toute la journée, mais il m'arrivait de l'user tant qu'une seconde était nécessaire. Et quand je me marchais sur le pied, je me le déchirais ! "

BILLY BOYD, "Pippin Took"

" Lorsqu'il se mettait à faire froid, on ne sentait plus nos pieds et la mousse absorbait l'eau – si bien qu'on se retrouvait avec des glaçons aux pieds. "

SEAN ASTIN, "Samwise Gamgee"

" Ces pieds poilus faisaient notre malheur. Il fallait tant de temps pour les mettre qu'on perdait une heure de sommeil chaque nuit. Les jours où nos pieds ne devaient pas être filmés, je disais : ' On n'a pas besoin de pieds aujourd'hui, on peut rester au lit ! ' Mais on me répondait : ' On ne sait jamais, mieux vaut les mettre. ' Neuf fois sur dix j'avais raison. "

ELIJAH WOOD, "Frodo Baggins"

" Je suis sûr que les pieds de Bilbo étaient plus grands que ceux des autres. Je m'emmêlais toujours les pieds et manquais de tomber la tête la première ! "

IAN HOLM, "Bilbo Baggins"

Au total, 1 600 paires de pieds ont été fabriquées au cours du tournage. Comme elles s'abîmaient facilement sur les rochers ou les pierres escarpées, un " assistant-pieds " était là pour effectuer des réparations d'urgence.

Les acteurs devaient parfois porter des bottes spéciales pour que leurs pieds de Hobbits ne s'en-lisent pas dans la boue.

"L'OUBLIÉ"
TOM BOMBADIL

Dans le premier livre, les quatre Hobbits rencontrent un vieil homme rougeaud, qu vit dans la Vieille Forêt. Les lecteurs de Tolkien se sont demandé pourquoi il n'ap-paraissait pas dans le film.

" On a envisagé la possibilité que les Hobbits en traversant la forêt, aperçoivent la plume d'un chapeau pointant à travers les arbres entendent Tom chanter et s'enfuient à toute vitesse ! Ça aurait permis de rendre hom-mage à Tom Bombadil et les fans auraien apprécié, mais on a manqué de temps. "

PETER JACKSON

" Peut-être qu'un autre film donnera à Ton Bombadil la place qu'il mérite. Ici, il aurai vraiment ralenti la progression de l'histoire. On ne l'a pas tué, il existe toujours dans le roman – ce n'est pas comme si on avait acheté tou les exemplaires pour les détruire ! "

IAN McKELLEN, "Gandalf"

LES ORQUES

Les Orques sont les descendants de créatures créées il y a des milliers d'années sur la Terre du Milieu pour faire la guerre. Même s'il existe des différences entre les tribus, ces redoutables guerriers trapus ont tous les jambes arquées, de longs bras musclés, des crocs acérés et des yeux louches. Ils savent forger des armes, portent de vieilles armures usées par la guerre et ont l'habitude de tout détruire sur leur passage. Ils doivent éviter la lumière du soleil – et ils sentent mauvais !

Grishnákh est un Orque de Mordor qui intrigue pour essayer d'enlever Merry et Pippin aux Urukhai de Saruman, croyant qu'ils ont l'Anneau.

LES WARGS

Les Wargs de Rhovanion sont d'immenses bêtes semblables à des loups, qui se sont alliées aux Orques. Cette "meute de Sauron" est composée de chasseurs violents et efficaces qui patrouillent dans la plaine de Rohan. Suffisamment grands pour être enfourchés comme des chevaux, ils peuvent parcourir de grandes distances sans se reposer.

Sharku a l'habitude de monter les Wargs. Il mène l'attaque contre la colonne des réfugiés de Rohan.

SUR LE STORY BOARD

Tolkien présente les Wargs comme des loups démoniaques. Mais les concepteurs se sont également inspirés des hyènes, pour leur aspect particulièrement évocateur et terrifiant.

LES ELFES

Les Elfes sont les habitants les plus sages de la Terre du Milieu. Ils sont grands et gracieux, aiment les belles choses et leurs sens aiguisés sont à l'écoute de la nature. Les Elfes ne vieillissent pas, même s'ils peuvent être tués. Leur influence, qui fut grande dans les temps anciens, s'est affaiblie alors que le pouvoir des Hommes croissait, et ils envisagent de quitter définitivement la Terre du Milieu.

SUR LE STORY BOARD

" La Lothlorien, c'était un peu les Robinson Suisses croisant les Ewoks dans une futaie de séquoias. Peter Jackson répétait sans cesse que ce lieu devait être magique, comme le paradis. "

PAUL LASAINE, Directeur artistique

Galadriel est la plus ancienne de tous les Elfes demeurant en Terre du Milieu. Frodo la soumet à la tentation de l'Anneau et, pour un moment transformée par l'esprit maléfique de Sauron, elle devient " belle et terrifiante comme le jour et la nuit ".

" Il y a chez Galadriel une beauté resplendissante, mais aussi quelque chose de sombre et de menaçant. Elle n'est pas seulement la reine des Elfes, elle porte également un Anneau. "

CATE BLANCHETT, "Galadriel."

"Trois Anneaux pour les Rois Elfes sous le ciel."

Dans les films, toutes les flèches que tire Legolas ont été créées à l'ordinateur ! Comme l'acteur utilise son arc à vide, il donne l'impression de décocher des flèches avec une facilité et une rapidité impossibles en réalité.

" Pour le rôle, j'ai dû apprendre à tirer à l'arc, à me battre avec une épée, et à monter à cheval. J'ai essayé 20 chevaux avant de trouver le bon – et j'ai quand même réussi à tomber et à me casser une côte ! "

ORLANDO BLOOM, "Legolas"

La princesse des Elfes, Arwen, doit affronter les conséquences de son amour pour un mortel. Son père voudrait qu'elle suive les Elfes, plutôt que de vieillir et mourir aux côtés d'Aragorn.

" L'histoire d'Aragorn et d'Arwen est une histoire d'amour incroyablement romantique. Si je veux vivre avec Aragorn, je dois renoncer à mon immortalité. Je dois choisir entre rester pour toujours avec ma famille et mes semblables ou être avec lui. "

LIV TYLER, "Arwen"

GROS PLAN : DIX MILLE SOLDATS

" Les costumes des Elfes sont inspirés d'éléments naturels. Ainsi, leur armure de cuir a la forme d'une feuille."

RICHARD TAYLOR

La grande bataille entre les Elfes et les Orques, au début de la trilogie, a d'abord été filmée avec de vrais figurants. Puis, des milliers de soldats on été rajoutés à l'ordinateur, grâce à un programme appelé MASSIVE.

Un logiciel appelé GRUNT a permis de donner l'apparence de la réalité à chaque soldat virtuel.

" Nous ne savions pas ce que ces hommes virtuels allaient faire. Je repense toujours en souriant à l'un des premiers tests. Il y avait environ 2 000 soldats qui se battaient et, à l'arrière-plan, certains d'entre eux s'enfuyaient. Je me suis dit qu'ils avaient bien raison ! C'était vraiment très amusant."

PETER JACKSON

GOLLUM

De la taille d'un Hobbit, Gollum – ou Sméagol comme on l'appelait autrefois – est une créature immonde qui suit Frodo. Des siècles auparavant, il avait trouvé l'Anneau. Après avoir tué son cousin Déagol, il a été banni et a trouvé refuge dans une grotte sous les Monts Brumeux. Là, le mal et la solitude l'ont rongé. Lorsque Bilbo Baggins est venu lui prendre l'Anneau, Gollum a compris qu'il ne pouvait vivre sans – il veut le récupérer !

" Gollum occupe une place importante dans le livre, mais elle est capitale dans le film. On se représente un Hobbit comme quelqu'un de petit, et on peut imaginer à quoi Gandalf ressemble. Mais en ce qui concerne Gollum, ça va être une véritable surprise. "

PHILIPPA BOYENS, Co-scénariste

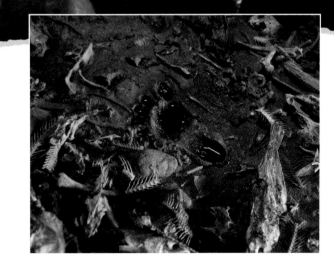

Gollum a été entièrement créé en images de synthèse. Les animateurs ont travaillé pour donner à son squelette et aux muscles que l'on aperçoit sous sa peau transparente un aspect réaliste.

" Gollum est sans doute l'une des créatures virtuelles les plus sophistiquées jamais créées. Oubliez tous vos préjugés sur les images de synthèse, parce que Gollum ne ressemble à rien de ce que vous avez pu voir. "

RICHARD TAYLOR

Andy Serkis prête sa voix à Gollum. Il a aussi joué toutes les scènes où le personnage apparaît, afin que les animateurs s'inspirent des mouvements d'un être humain.

" Même si Gollum devait être le fruit de la technologie, Peter Jackson tenait à ce que le rôle soit interprété par un acteur. Cela est révélateur d'un projet dans lequel les effets spéciaux n'ont jamais pris le pas sur l'histoire, les personnages ou le jeu des acteurs. "

ANDY SERKIS, "Gollum"

Le Magicien
SARUMAN

Les Istari sont les "magiciens" de la Terre du Milieu. Envoyés pour porter secours aux mortels dans la lutte qui les oppose à Sauron, ils ne sont pas autorisés à utiliser leurs pouvoirs pour combattre le Mal et doivent donc s'en remettre à leur sagesse et à leur ruse.

Saruman le Blanc est le plus ancien des Magiciens, mais l'usage abusif de ses pouvoirs et sa fidélité au Seigneur Ténébreux le conduisent à affronter ses pairs.

Le seul autre Magicien du livre est Radagast le Brun, qui provoque involontairement la capture de Gandalf par Saruman. Il n'apparaît pas dans les films.

Le Magicien
GANDALF

Gandalf le Gris, par son immense sagesse, résiste à la tentation de prendre l'Anneau à Frodo. Il va jusqu'à se sacrifier pour sauver ses amis. Mais il est transformé et ressuscité en Gandalf le Blanc, plus puissant et chargé d'une mission plus importante encore.

SUR LE STORY BOARD
Le personnage de Gandalf le Gris s'inspire de la célèbre peinture de John Howe, qui a été dérobée lors d'une exposition en France et n'a jamais été retrouvée. John n'a jamais peint Gandalf le Blanc.

" Au départ, Peter Jackson voulait que la barbe de Gandalf mesure un mètre. Mais, quel que soit le talent de Sir Ian McKellen, nous avons pensé qu'il ne réussirait pas à jouer avec une telle barbe ! "

PETER OWEN, Maquilleur et coiffeur

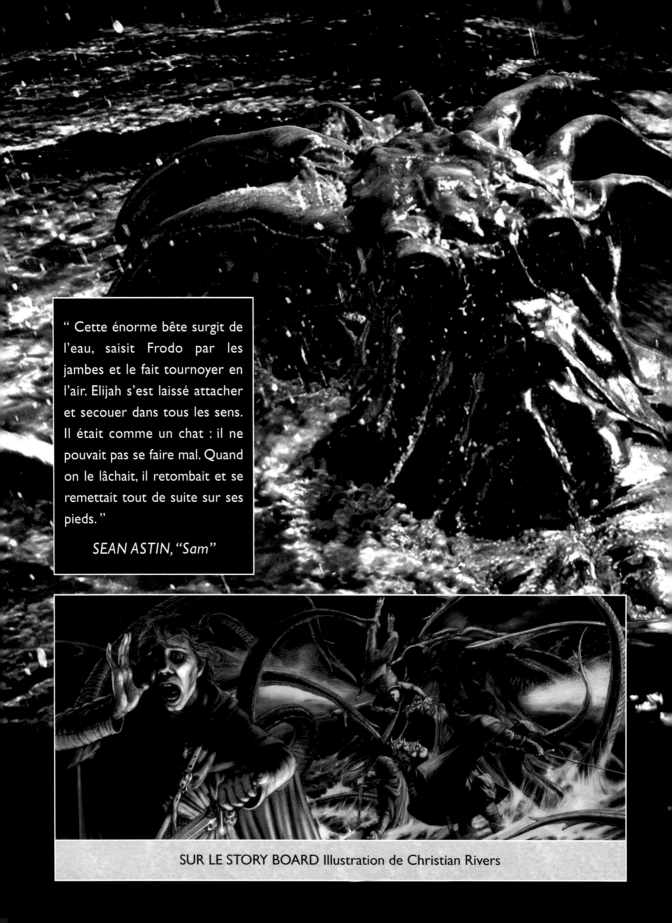

" Cette énorme bête surgit de l'eau, saisit Frodo par les jambes et le fait tournoyer en l'air. Elijah s'est laissé attacher et secouer dans tous les sens. Il était comme un chat : il ne pouvait pas se faire mal. Quand on le lâchait, il retombait et se remettait tout de suite sur ses pieds. "

SEAN ASTIN, "Sam"

SUR LE STORY BOARD Illustration de Christian Rivers

LE GUETTEUR DANS L'EAU

Obligée de traverser les Mines de la Moria pour poursuivre son voyage, la compagnie est attaquée à leur entrée par le Guetteur, une gigantesque créature, semblable à une pieuvre et réveillée par les ricochets que Merry fait sur la mare.

Dans la description qu'il donne du combat avec le Guetteur, Tolkien écrit : "Vingt autres bras sortirent, onduleux ." Mais dans le film, le monstre n'a que douze tentacules pour faciliter leur animation et rendre l'image plus lisible.

Le bout des tentacules a été conçu avec deux " doigts ", un " pouce " et des ventouses comme celles des pieuvres.

" Nous avons consacré beaucoup de temps à ses yeux. Nous voulions qu'il ait le regard intelligent d'un vieil homme, et de grands yeux gonflés, doux et larmoyants. "

RICHARD TAYLOR

LES ENTS

Les Ents sont les plus vieux habitants de la Terre du Milieu. Hauts de plus de 4 mètres, ils sont entre l'homme et l'arbre. Leur peau est ridée comme l'écorce des arbres, leurs doigts sont pareils à des brindilles, leurs pieds semblent des racines. Ces gardiens de la forêt sont lents mais forts. Le chef des Ents en Forêt de Fangorn est Sylvebarbe (Treebeard).

" Les Ents sont furieux de voir les Orques abattre des arbres autour d'Isengard pour alimenter les fourneaux où sont forgées les armes et les armures de l'armée de Saruman. "

RICHARD TAYLOR

La conception des Ents s'est appuyée sur des animations digitales et des maquettes grandeur nature. Ces créatures ont été les plus difficiles à animer, à cause de leurs nombreuses feuilles, mais surtout parce que les arbres qui marchent et parlent sont généralement des personnages de comédie !

John Rhys-Davies, qui joue aussi le rôle de Gimli, a prêté sa voix à Sylvebarbe.

" *Heureusement, je n'ai pas dû l'interpréter physiquement. Ça aurait fait trop !* "

LES NAINS

Les Nains sont issus d'une race noble. Particulièrement fiers de leur culture et de leur code d'honneur, c'est avec acharnement qu'ils entendent défendre ce qui fait la particularité de leur peuple. Mais ils s'emportent facilement et ne font pas confiance aux autres peuples.

" Les Nains sont petits et trapus, nous avons donc décidé que leur armure aurait la forme d'une boîte. "

RICHARD TAYLOR

En excellents mineurs, les Nains ont su creuser de grandes galeries dans les montagnes. Ils peuvent également se montrer particulièrement courageux au combat.

La cité des Nains, Khazad-dûm dans leur langue, est enterrée au plus profond des montagnes. Les immenses palais et les mines de mithril de cette cité ont été abandonnés par les Nains lorsque des mineurs ont réveillé un Balrog. Quand plus tard, Balin a tenté de restaurer le pouvoir des Nains, ses compagnons ont été pris au piège entre le Guetteur à la porte Ouest et les Orques à l'Est. Et le nouveau royaume de Balin a été sa tombe...

« Sept pour les Seigneurs Nains dans leurs demeures de pierre »

« Gimli est un personnage merveilleux ! Il est méfiant, paranoïaque, querelleur, pourtant il fait preuve d'une loyauté incontestable envers Aragorn, et la façon dont il protège les petits Hobbits le rend très attachant. Mais surtout, il est intrépide. Même si toutes les chances sont contre lui, même s'il va à une mort certaine, il n'hésite jamais à se battre ! »

JOHN RHYS-DAVIES, "Gimli"

LES GOBELINS

Le nom de "Gobelin" est utilisé par les peuples de la Terre du Milieu pour désigner les Orques, et plus particulièrement ceux de la Moria. Ces derniers ont gardé une petite taille et leurs yeux se sont développés pour leur permettre de voir dans l'obscurité. Ils portent des armures hérissées de pointes acérées pour les aider à escalader les parois rocheuses des mines de la Moria.

" Il fallait donner l'impression que les Orques avaient construit eux-mêmes leurs armures et leurs armes. Nous avons eu la chance de pouvoir nous reporter à la 'Bible' en la matière : les propres mots de Tolkien, qui a longuement décrit ce monde. "

RICHARD TAYLOR

Comme les figurants devaient être petits, les Orques ont souvent été interprétés par des femmes.

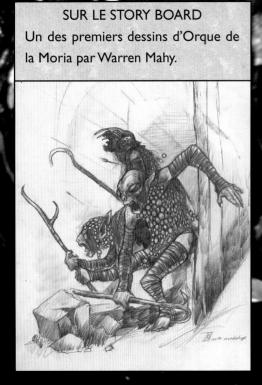

SUR LE STORY BOARD
Un des premiers dessins d'Orque de la Moria par Warren Mahy.

Les yeux de certains Orques de la Moria ont été agrandis à l'ordinateur, afin de leur donner ce regard de fou que voulait obtenir Peter Jackson.

LES TROLLS

Les Trolls prennent différentes formes, mais ont généralement la même taille : immense ! Bilbo, qui en a vu trois changés en pierre, les sait puissants et stupides. Mais les Trolls peuvent représenter un vrai danger, comme Frodo et ses compagnons en font l'expérience avec le Troll des Cavernes de la tombe de Balin.

" Le Troll des Cavernes a le physique d'un énorme sumo. C'est un être idiot, gigantesque et maladroit, et quand il se met en colère, il ne se contrôle plus. Même ses amis, les Gobelins, peuvent être balayés par ses grands gestes désordonnés. "

RICHARD TAYLOR

Pour que l'asservissement du Troll aux Orques soit évident, Randy Cook, son créateur, lui a mis une laisse autour du cou. Comme c'est une chaîne, elle fournit au Troll une arme dans son combat.

La rencontre avec le Troll des Cavernes occupe moins d'une demi page dans le roman de Tolkien, alors que la séquence du film dure 3 minutes et 45 secondes.

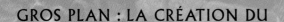

GROS PLAN : LA CRÉATION DU
TROLL DES CAVERNES

Les compagnons devaient tuer le troll de 3 mètres pour ne pas être tués eux-mêmes, mais l'équipe du film ne voulait pas que cela apparaisse comme une victoire. Aucun d'entre eux ne devait se réjouir d'avoir tué un combattant involontaire, même s'ils y avaient été conduits par la gravité de leur mission.

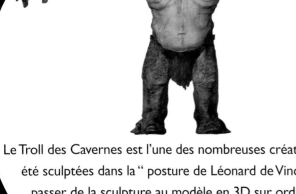

Le Troll des Cavernes est l'une des nombreuses créatures à avoir été sculptées dans la " posture de Léonard de Vinci ". Pour passer de la sculpture au modèle en 3D sur ordinateur, l'équipe a utilisé un logiciel conçu à l'origine pour permettre à la Commission néo-zélandaise de la viande de scanner des carcasses.

" Je ne voulais vraiment pas que les créatures aient l'air de sortir d'un ordinateur. Le Troll des Cavernes, par exemple, a des ongles sales et cassés et sa peau est couverte de brûlures et de verrues. "

PETER JACKSON

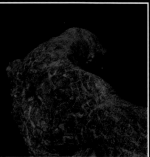

SUR LE STORY BOARD Ces images montrent comment les détails de la peau ont été ajoutés par ordinateur.

LES CREBAINS

Peu de temps après leur départ, les compagnons aperçoivent un vol de corbeaux. Il s'agit d'émissaires envoyés par Saruman pour déterminer leur position. Legolas explique à Gandalf que ce sont des Crebains, qui explorent la région.

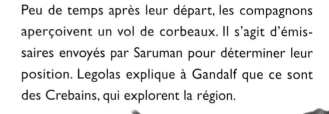

" Ian McKellen devait regarder ces oiseaux et les qualifiait d'espions. Il les appelait les espions de la Guerre des Étoiles ! "
ELIJAH WOOD, "Frodo"

Plutôt que de filmer de vrais corbeaux, le réalisateur a décidé d'animer les Crebains par ordinateur. Chaque oiseau a été créé à partir d'un ensemble d'informations sur le vol des oiseaux, et a été doté d'un " cerveau " pour ne pas entrer en collision avec les autres. Malgré tout, les informaticiens ont dû intervenir pour les orienter – de vrais oiseaux ne seraient jamais allés dans la bonne direction !

Le papillon n'apparaît pas dans les livres de Tolkien, même si un poème de Bilbo – " Errance "– fait référence à des insectes imaginaires connus sous le nom de Dumbledors !

LE PAPILLON

Emprisonné par Saruman au sommet de la tour d'Orthanc, Gandalf fait appel à ce messager pour obtenir de l'aide.

Le papillon utilisé dans le film était un Gum Emperor. *"Afin de respecter la législation sur les animaux, le tournage de la scène devait coïncider avec le cycle de vie du papillon. On a donc conservé la larve jusqu'à l'éclosion et, en à peine quelques heures, on a filmé cet étonnant gros plan de l'insecte dans la main de Gandalf. Puis, on a relâché le papillon dans la nature."*

DAN HENNAH

" C'était une sorte de super papillon, capable de voler à plus de mille kilomètres heure et d'atteindre le sommet de cette immense tour. On a dû faire un choix entre la vraisemblance et le côté spectaculaire !"

ADAM VALDEZ

GWAIHIR

LE SEIGNEUR DES AIGLES

Gandalf échappe finalement à la colère de Saruman grâce à son vieil ami, Gwaihir. L'aigle gigantesque l'avait déjà sauvé, 60 ans auparavant, à l'occasion d'événements relatés dans *Bilbo le Hobbit* : le Magicien et ses compagnons de voyage avaient été attaqués par des Gobelins comme ils cherchaient à voler le trésor du dragon Smaug. Gwaihir est fidèle et Gandalf pourra encore compter sur lui…

SUR LE STORY BOARD
Une des premières ébauches en couleur de Paul Lasaine.

On n'aperçoit Gwaihir qu'un court instant dans *La Communauté de l'Anneau*, car lui et la silhouette de Gandalf sur son dos sont des animations digitales.

LES ESPRITS SERVANTS

Neuf Anneaux ont été donnés aux Hommes, qui, plus que tous, désiraient le pouvoir. Mais la promesse de vie éternelle n'a pas été telle qu'ils l'espéraient : ces neufs mortels, désormais entre la vie et la mort, sont de vils esprits soumis à la domination de Sauron. Lorsque Gollum finit par révéler le lieu de l'Anneau Unique, ils sont envoyés sur leurs chevaux noirs aux yeux de feu pour retrouver " Baggins " dans la Comté.

Seul Frodo a vu le vrai visage du Roi-Sorcier et des autres Esprits Servants. Ce sont de terrifiants cadavres qui n'ont que la peau sur les os, mais qui marchent comme des êtres vivants et se servent de chevaux pour se déplacer.

"Neuf pour les Hommes Mortels destinés au trépas"

COURSIER AILÉ

Ayant perdu ses chevaux au Gué de Bruinen, le Roi-Sorcier s'envole un peu plus tard sur un immense Coursier Ailé aux allures de dragon.

" C'était impressionnant de voir le premier Coursier Ailé prendre forme sur l'écran d'ordinateur ! J'ai pensé : Super ! Je n'aurai plus jamais à dessiner de trucs comme ça ! Il me suffira d'appeler Weta Digital et de dire : Un Coursier ailé, s'il vous plaît, vu de trois-quart, de dos, les ailes déployées ! "

JOHN HOWE, Artiste concepteur

SUR LE STORY BOARD
Un coursier ailé dessiné en 1989 par John Howe pour la couverture d'un livre.

LES HOMMES DES TERRES DE L'EST

Les Hommes des Terres de l'Est sont d'abord repérés par Frodo et Sam à la Porte Noire de Mordor. Il s'agit d'un peuple primitif et militaire qui vient de Rhûn. Ennemis du peuple de Gondor, ils ont été recrutés par Sauron pour l'aider dans sa guerre totale.

Le casque fut le dernier élément de l'armure à être mis au point. Il a subi de nombreuses transformations. Finalement, il comporte une visière, ce qui permet de cacher le visage du guerrier et de rendre sa mort moins pénible.

LES HOMMES SAUVAGES

Les Woses vivent dans la Forêt de Druadan et sont généralement connus, dans le Rohirrim, sous le nom d'Hommes Sauvages. Saruman ravive leur ressentiment, les incite à prendre les armes et à accompagner les Orques pour semer le chaos dans les villages de Rohan.

" Un jour, Peter Jackson a annoncé que nous allions filmer 50 Hommes Sauvages, mais les perruques n'étaient pas prêtes. Nous avons dû bricoler celles, abîmées, des tournages passés. Nous avons utilisé cinq types de boue pour obtenir des couleurs différentes et un mélange de crème pour les mains et de vaseline pour leur donner un aspect répugnant. "

PETER KING

" *La réalisation du Balrog fut la plus longue. La description de Tolkien était difficile à interpréter — une grande ombre au milieu de laquelle se dresse une vague forme sombre à la crinière de feu. S'agissait-il de la forme d'un homme ? Nous n'en savions rien.* "

CHRISTIAN RIVERS

" *Comme le Balrog court et s'agite beaucoup, si nous avions utilisé du vrai feu, l'impression d'ensemble aurait été étrange, le feu serait parti dans tous les sens. Il nous fallait donc le recréer sans trop nous inspirer de la réalité.* "

JIM RYGIEL

" *La forme de son squelette s'inspire du chien et du taureau. Il a des cornes de bélier, une queue de lézard et des ailes de chauve-souris. Nous avons conçu sa peau en pensant à de la lave en fusion qui se craquèle.* "

RICHARD TAYLOR

SUR LE
STORY BOARD

Ben Wootten a sculpté la tête du Balrog en un modèle de 1m 20.

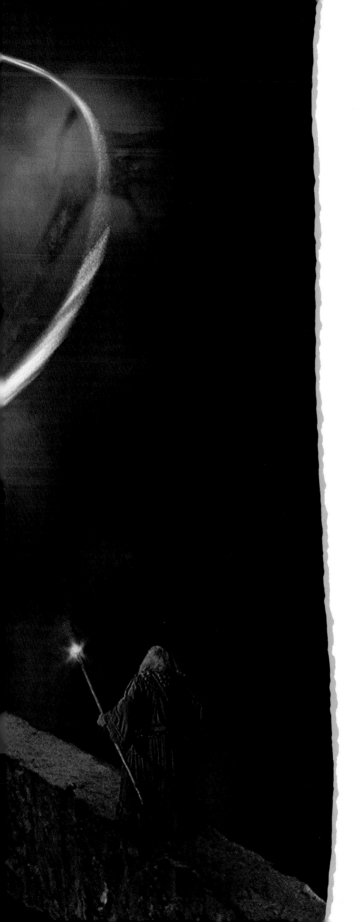

LE BALROG

Le Balrog est le dernier survivant d'une race de vieux démons du feu. Il a sommeillé dans la Moria des milliers d'années avant que les Nains ne le réveillent. Immense monstre ailé, enveloppé de flammes et agitant un fouet de feu, le Balrog est effrayant quand il se met en colère – même les Orques le craignent.

Il fait tomber Gandalf du pont de Khazad-dûm et l'attire dans les profondeurs des mines. Pendant la chute, les flammes du Balrog s'éteignent un temps. Mais l'épreuve de Gandalf n'est pas finie et le combat à mort reprend dès que le pouvoir du monstre est ravivé…

Une maquette de l'immense salle, de l'escalier et du pont a été réalisée – le décor mesurait 6 m de haut, 20 m de long, 14 m de large et a demandé 4 mois de construction. Entre le moment où la Communauté aperçoit le Balrog qui se dirige vers eux et celui où Frodo est emmené, toutes les prises ont été réalisées à partir de maquettes – c'est la première fois qu'un film comporte un aussi long plan-séquence sur maquettes.

LES HOMMES

A l'époque du Tiers Age, les hommes de la Terre du Milieu sont divisés en de nombreux peuples. Les habitants de Gondor, dont les ancestres ont formé une alliance avec les Elfes contre Sauron, sont les plus nobles. Leur royaume, dont la capitale est la Cité Blanche de Minas Tirith, a subi les attaques répétées d'autres peuples, parmi lesquels les Hommes des Terres de l'Est et les Haradrim.

Les Rohirrim du Nord sont alliés à Gondor. Leur réputation de Cavaliers est fondée sur la complicité qu'ils entretiennent avec les chevaux. Ils gouvernent un royaume appelé Riddermark, et leur principale base est la cité en bois d'Edoras.

Aragorn est un Rôdeur, un habitant du nord qui a choisi de vivre en nomade alors que sa naissance lui donnait le rang de prince de Gondor. Il doit pourtant se rendre compte que Sauron le craint plus que quiconque.

Dénéthor, l'Intendant en chef, est à la tête de la maison de Gondor. Il s'oppose à ce qu'Aragorn monte sur le trône. Il a deux fils, Boromir et Faramir, dont l'aîné a été tué en voulant protéger les innocents Hobbits des Uruk-hai.

Le Roi Théoden a été autrefois un grand roi et un grand guerrier, mais il a perdu sa vigueur. Son fils Théodred a été tué par les Orques ; sa nièce Éowyn et son neveu Éomer, tous deux orphelins, se battent pour déterminer leur rôle dans la destinée de Rohan.

Langue de Serpent est le conseiller du Roi Théoden de Rohan. Il n'est pas digne de confiance car son vrai maître est le Magicien Saruman, qui veut conquérir Rohan.

LES URUK-HAI

Créés par Saruman, les Uruk-hai sont le fruit d'un croisement entre des Orques et des Gobelins. A la différence des autres Orques, ils sont grands, forts, et supportent la lumière du soleil. Quand son influence sur le roi Théoden est levée par Gandalf, Saruman envoie 10 000 Uruk-hai pour exterminer le dernier bastion des soldats de Rohan, au gouffre de Helm.

Les " Fous Furieux " sont les plus grands et les plus terrifiants des Uruk-hai. Ils portent lors des batailles la Main Blanche, la marque de Saruman.

Tolkien s'est inspiré de l'ancien anglais "orc", qui signifie démon, pour nommer ces créatures. Il a forgé le mot "uruk" en imaginant qu'il provenait d'une langue démoniaque. Ainsi, ce mot utilisé à Mordor reproduit l'évolution contre nature des Orques en Uruk-hai.

" Les Uruk-hai font sans doute partie des créatures les plus amusantes à concevoir. Tolkien ne rentre jamais vraiment dans les détails sur la façon dont Saruman les a élevés, Peter a donc pu décider de les faire naître de la terre. Nous avons dû imaginer des prothèses pour ces personnages arrachés du sol comme des pommes de terre par leurs geôliers, les Orques. Ça a vraiment été un moment marquant dans la conception des films. "

RICHARD TAYLOR

GROS PLAN :
LURTZ

Le champion Uruk-hai de Saruman doit capturer les Hobbits et l'Anneau, mais il est tué lors du duel qui l'oppose à Aragorn.

La naissance de Lurtz a donné lieu au plus complexe des maquillages du film. L'acteur Lawrence Makoare devait mettre un costume recouvrant tout son corps, puis être enveloppé d'une substance visqueuse. Commencé à minuit, le maquillage s'est achevé juste à temps pour le début du tournage, à 10 h le lendemain matin.

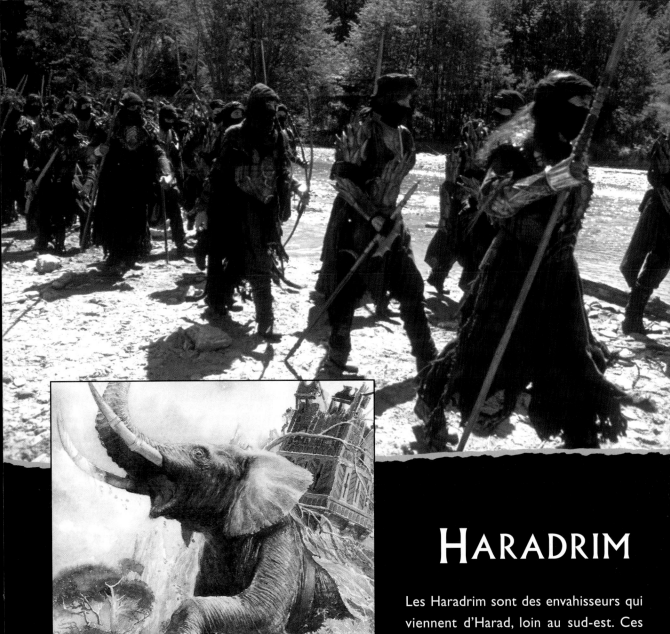

LES MÛMAKIL

Le peuple barbare des Haradrim sème la terreur avec leurs Mûmakil aux défenses géantes. Sur leur dos, de grandes tours accueillent des archers et des soldats équipés de lances. Ces éléphants, hauts de 15 mètres, ne craignent pas les flèches et sont assez forts pour tout écraser sur leur passage.

HARADRIM

Les Haradrim sont des envahisseurs qui viennent d'Harad, loin au sud-est. Ces étrangers portent des vêtements colorés et des parures brillantes, mais on découvre, lors de leurs attaques aux frontières sud de Gondor, qu'ils servent le Mal.

Les costumes des Haradrim s'inspirent de ceux des guerriers Sarrasins du XIIe siècle. Les premiers dessins les montraient avec moins de vêtements et plus de bijoux que dans les films.

SAURON

Sauron est le Seigneur des Anneaux. Il y a des milliers d'années, il a établi son bastion à Mordor et construit la citadelle ténébreuse de Barad-dûr. Parvenant à séduire les Elfes, il a supervisé la création des Anneaux de Pouvoir et a conservé l'Anneau Unique, avant de le perdre dans la grande bataille d'Orodruin. Il n'est plus qu'un immense œil surplombant sa tour, et n'a de cesse, à travers ses émissaires, de récupérer l'Anneau pour achever sa conquête de la Terre du Milieu.

L'armure de Sauron est constituée de presque 200 pièces, et a été fabriquée successivement en acier et en plastique pour le besoin des différentes prises.

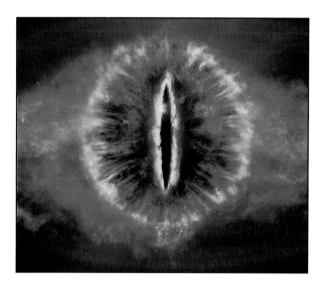

" Personne ne saisissait vraiment ce qu'était l'œil de Sauron. Même Peter Jackson l'évoquait en termes vagues – ' Il faudrait qu'il y ait des flammes '. Après plusieurs essais, nous nous sommes arrêtés sur un œil de chat, qui, pour moi, est vraiment le plus effrayant. L'œil de Sauron joue le plus petit rôle du film et pourtant c'est lui qui nous a demandé le plus de travail. "

JIM RYGIEL,
Superviseur des effets spéciaux visuels

Sauron utilise les Palantirs, des pierres légendaires fabriquées par les Elfes pour voir ce qui se passe au loin. C'est à l'aide d'un Palantir que Sauron a pris le contrôle de l'esprit de Saruman.

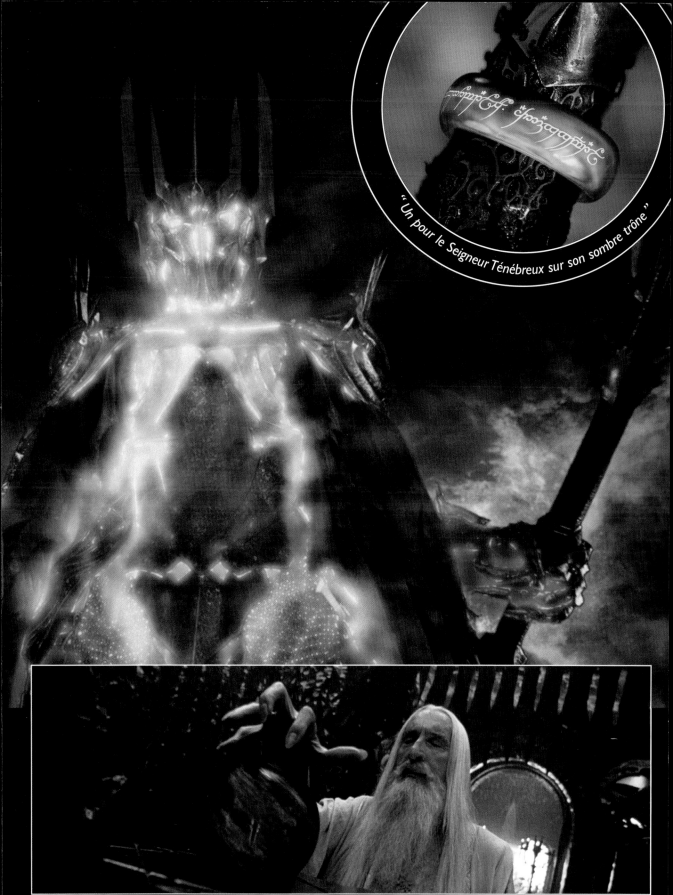

« Un pour le Seigneur Ténébreux sur son sombre trône »

ARACHNE

Lorsque Frodo et Sam découvrent que la route qui mène à Mordor à travers la Porte Noire est bloquée, Gollum leur propose un autre chemin. Mais Gollum n'est pas un bon guide.

Car ce chemin passe par Cirith Ungol, le repaire immonde d'Arachne...

A SUIVRE DANS

LE SEIGNEUR DES ANNEAUX

LE RETOUR DU ROI